INHALT

Es ist eine hohe Kunst, die richtigen Fragen zu stellen.

Jede Frage ist ein Auftrag an dein Unterbewusstes und das Universum, eine Antwort zu liefern.

Nur durch das bewusste Stellen der zielführenden Frage bist du in der Lage, die Antwort zu empfangen. Zu erkennen, nach was du suchst.

Wirklich suchst.

VORWORT

»Ich hab' da mal ne Frage ...«

»Eine gute Frage ist, als ob man eine Glocke läutete.«
Chinesische Weisheit

»Ich hab' da mal ne Frage.«
Wenn ich eine Hitliste machen würde mit Eröffnungssätzen, mit denen Menschen ein Gespräch mit mir beginnen, stünde dieser sicherlich ganz oben. Seit sechs Jahren nun berate ich Menschen, und viele von ihnen kommen, weil sie um meine starken intuitiven Fähigkeiten wissen. Ich persönlich bezeichne diese Fähigkeiten ungern als »Hellsichtigkeit« oder »Anbindung an die Geistige Welt«, weil ich fest daran glaube, dass alles, wirklich alles, was wir wissen wollen, (auch) in uns selbst zu finden ist. Die oben in Anführungszeichen genannten Begriffe würden vielen Menschen aber suggerieren, dass ich etwas könnte, was sie nicht auch selbst könnten. Daher habe ich mich dazu entschieden, ihnen den Weg zu sich selbst zurück, hinein in ihr eigenes Selbstvertrauen, in ihre eigene Freiheit zu weisen. Und dieser führt für mich zweifelsfrei über die eigene Intuition. Ab einem bestimmten Punkt ist man dann auch ohne Weiteres

dazu in der Lage, Antworten auf Fragen anderer Menschen zu geben. Einfach, weil es unsere Natur ist, auf unser inneres Wissen, unsere wahre Weisheit zuzugreifen.

Nun scheint es manchmal aber praktischer zu sein, jemand anderes zu fragen. Das Leben wirft ja so viele Fragen auf, und wie soll man auf alle immer eine Antwort finden? Manche Fragen beschäftigen einen schon seit Jahren, und noch immer tritt man auf der Stelle. Da kommt einem ein Mensch mit »solchen Fähigkeiten« doch gerade recht! Endlich wird man seine Frage los und kann auf eine Antwort hoffen, die ans Ziel führt! Endlich Klarheit! Endlich raus aus diesem scheinbar unendlichen Hamsterrad, in dem man steckt, weil man einfach selber keine Antwort findet! Die Lösung liegt zum Greifen nahe!
Scheint es.

Nun steht also diese Rat suchende Person, nennen wir sie einmal Rita, vor mir und wendet sich mit diesem Klassiker an mich: »Ich hab' da mal ne Frage.« Gespannt lausche ich, verbinde mich innerlich mit Rita, bereit, in das Thema und sie selbst hineinzufühlen. Sie erzählt und erzählt. Zwei Minuten, fünf Minuten lang. Dabei stellt sie aber keine Frage. Sie präsentiert allein eine Schilderung des Elends, das sie so sehr quält. Auch das ist mir keinesfalls neu. Ich warte also geduldig eine Weile, bis ich Rita sanft unterbreche: »Du

wolltest mir eine Frage stellen. Wie lautet sie, ganz konkret?« Irritiertes Schweigen. Stille. Denken. Dann ein Einatmen. Ein Ausatmen. Schließlich mündet dies, wie oft, in folgende Antwort:

»Ja, wie lautet meine Frage konkret? Hm … Das ist wirklich eine gute Frage.«

Wenn du glaubst, keine Antworten zu bekommen, mach dir zuerst einmal bewusst, ob du wirklich eine Frage (gestellt) hast. Oder ob du einfach gerne wieder deine (leidvolle) Geschichte erzählen möchtest. Dies aber nährt diese Geschichte, anstatt sie zu heilen. Warum wir Menschen das immer wieder tun, hat verschiedene Gründe. In aller Regel versprechen wir uns davon etwas, zum Beispiel Aufmerksamkeit, Mitleid von anderen für uns usw. Wir sind noch nicht dazu bereit, unsere Vergangenheit in Frieden sein zu lassen, wie sie war. Wir möchten noch im Opfermodus verharren, anstatt Selbstverantwortung zu übernehmen und Vergebung zu üben.

Aus diesem Grund stellst du auch keine Frage, sondern erzählst nur. Das ist in Ordnung. Auch für dich kommt irgendwann der Punkt, an dem du es selber leid bist, diese Geschichte wieder und wieder zu erzählen. Das wird der Moment sein, in dem du dich für die Heilung entscheidest.

Dann beginnst du, wirkliche Fragen zu stellen. Je »richtiger«, also je zielführender diese sind, umso leichter und schneller wirst du Antworten bekommen.

Für die Menschen, die bereit dafür sind, endlich ihre alten Geschichten zu heilen, alte Blockaden loszulassen und wirklich frei zu werden, habe ich dieses Buch geschrieben. Es entspringt meiner jahrelangen Erfahrung, dass Menschen, denen man die richtige Frage an die Hand gibt, mit einem Mal die Antwort kennen. Oder dass diese sich bald darauf einstellt. Wenn du meinst, auf der Stelle zu treten und nicht weiterzukommen, liegt das vielleicht eben genau daran, dass du die »falschen« Fragen stellst. Also Fragen, die dein Ego zwar zu interessieren scheinen, die dich aber nicht ans Ziel bringen, in deine wahre Freiheit und in dein Glück.

Dieses Buch zeigt dir, wie du zielführende, also heilsame Fragen stellen lernst und erkennen kannst, welche Fragen dir nicht dienen bzw. dich nicht wirklich weiterbringen. In den Kapiteln zu den verschiedenen Themen findest du Fragen von Rat suchenden Menschen, die mir sehr häufig gestellt werden, und ihre Umformulierung hin zu zielführenden Fragen. Sie sollen dir als Quelle der Inspiration dienen und dich liebevoll an die Hand nehmen. Auch wenn wir letztlich alle unseren eigenen Weg hin zu uns selbst eben nur selbst gehen können, ist es doch unterwegs immer wieder hilfreich, wenn Wegweiser einem diese Reise erleichtern.

Auch soll dieses Buch den Menschen als Unterstützung dienen, die bereits fleißig mit ihrem Wahrheitspunkt[1] daran arbeiten, ihre Zweifel hinter sich zu lassen. Sie haben mich wiederholt darum gebeten, ihnen mit einem Buch über das »richtige«, also zielführende Fragenstellen eine Unterstützung zu liefern. Dieser Bitte komme ich hier sehr gerne nach.

Mögen dir die Fragen in diesem Buch solche Wegweiser sein! Das wünsche ich mir, ich wünsche es dir, für dich und für uns alle.

Alles (ist) Liebe

Deine Silvia Maria Engl

---

1 Der Wahrheitspunkt ist die körperliche Entsprechung deiner Intuition. Mit ihm gelingt es dir leichter, Antworten in dir zu finden und Zweifel hinter dir zu lassen. Diesem Thema habe ich ein eigenes Buch gewidmet: »Schluss mit den Zweifeln!« Eine Meditation hin zu deinem eigenen Wahrheitspunkt findest du auch auf der gleichnamigen CD. Beides 2015 im Schirner Verlag erschienen.

WIE DICH DIE **FALSCHEN** FRAGEN BLOCKIEREN KÖNNEN

»Positive Gedanken ziehen positive Gedanken an;
negatives Denken verstrickt unweigerlich
in die Negation des eigenen Daseins.«
Prentice Mulford

Herzlichen Glückwunsch! Du hast dich offenkundig dazu entschieden, weiterzulesen und mehr über die hohe Kunst des zielführenden Fragenstellens zu lernen, um dich selber aus alten Blockaden zu befreien. Das ist wirklich wunderbar! Vielleicht hast du auch das Gefühl, dass dieses Buch die Antwort auf eine andere Frage ist, die du schon gestellt hast, nämlich: »Was hilft mir weiter auf meinem Weg?«

Wie oben bereits angedeutet, gibt es viele Menschen, die gar nicht erst Fragen stellen, aber unglücklich sind, weil sie keine Antworten bekommen. Dann gibt es auch Menschen, die stellen ihre Fragen wieder und wieder, und sie sind frustriert, weil sie trotzdem scheinbar keine Antwort erhalten.

Oder sie bekommen Antworten, die ihnen aber nicht gefallen, und darum fragen sie erneut.

Dieses Kapitel beschäftigt sich nun mit den »falschen« Fragen. Wenn ich hier von »richtigen« oder »falschen« Fragen spreche, meine ich damit kein klassisches Schwarz-Weiß-Muster. Vielmehr meine ich damit Fragen, die zielführend sind, klar, fokussiert bzw. Fragen, die nur der Egobefriedigung dienen sollen, die aber keine Lösung wünschen bzw. zu schwammig gestellt sind, sodass sich eine präzise Antwort nicht einstellt.

Mach dir bitte bewusst, dass jede Frage, die du stellst, ein Auftrag an dein Unterbewusstsein und so gleichzeitig an das Universum ist, dir eine Antwort zu liefern. Du wirst niemals nicht gehört! Das ist unmöglich. Du wirst immer gehört. Die Frage ist vielmehr, ob du die Antwort hörst bzw. sie verstehst. Das klappt eben oft nicht, weil du an der Oberfläche etwas fragst, was du eigentlich gar nicht wissen willst oder was nicht relevant ist. Oder aber es ist im Grunde keine Frage, sondern der als Frage verpackte Wunsch nach einer Bestätigung dessen, was das Ego begehrt.

Du erntest, was du säst.

Der Gedanke des Säens und Erntens lässt sich auch auf das Stellen von Fragen und die daraus resultierenden Antworten übertragen. Je präziser du deine Fragen stellst, umso genauer können die Antworten für dich kommen. Das wiederum setzt voraus, dass du dir im Klaren darüber bist, was du wirklich (wissen) willst. Dazu mehr im folgenden Kapitel (s. S. 18 ff.). Wenden wir uns zunächst den unklaren und dadurch auch blockierenden Fragen zu.

Bleiben wir bei der Rat suchenden Rita aus dem Vorwort. Nach ihrer Erkenntnis, dass sie keine Frage gestellt hat, versucht sie nun, das zu tun. Da sie sehr unglücklich ist, fragt sie Folgendes:

»Kann ich glücklich werden?«
Die Antwort hierauf lautet: »Ja. Selbstverständlich.«

Diese Antwort zu finden, ist aber keine große Kunst. Denn jeder Mensch trägt, zumindest in meiner Weltsicht, das Potenzial in sich, wahrhaft glücklich zu werden. Rita möchte wohl nicht wirklich eine Antwort, sondern vielmehr eine Bestätigung von außen, dass auch für sie Hoffnung besteht. Zielführend ist das aber nicht, auch wenn es erst einmal wie ein kleines Trostpflaster zu sein scheint, ein Ja zu bekommen.

Mach dir bewusst, ob du mit deiner Frage eine Antwort haben möchtest oder vielleicht nur ein Trostpflaster, Aufmerksamkeit oder eine Bestätigung für das, was dein Leid scheinbar schwuppdiwupp beendet. Dann ist es eine verdeckte Frage, die nicht auf Heilung abzielt. Ebenso wichtig wie die richtige Frage ist nämlich die Absicht, mit der du sie stellst!

Die kurze Befriedigung, die sie durch die Antwort »Ja. Selbstverständlich« erhält, ist aber nicht von langer Dauer. Denn an Ritas Situation hat sich dadurch nichts geändert.

Sie fragt deshalb weiter:
»Warum habe ich dann immer Pech?«

Der Fokus dieser Frage liegt auf der Behauptung, sie habe immer Pech. Eine Sicht auf ihr Leben, die sie mit dieser Frage verstärkt. Statt sich dafür zu interessieren, wie sie glücklich werden kann, behauptet sie, immer Pech zu haben und fragt darüber hinaus auch noch nach den Ursachen, wie um eine Bestätigung dafür zu bekommen, dass das Pech in ihr wirklich tief verankert ist. Die Geschichte von Rita ist ein gutes Beispiel dafür, wie man erkennt, was eine blockierende Frage ist.

Blockierende Fragen haben ihren Fokus auf dem Negativen. Statt nach Lösungen zu fragen, wendet sich die blockierende Frage dem Drama zu und nährt es dadurch. Antworten auf solche Fragen dienen allein dazu, dieses Drama zu bestärken, nicht aber, es zu lösen.

Wenn du verdeckte, oberflächliche oder blockierende Fragen stellst, wirst du entsprechende Antworten ernten. Gleichzeitig wirst du vielleicht sogar glauben, keine Antworten zu erhalten. Denn das Erhoffte (der Trost, die Bestätigung usw.) verpufft schnell, weil es nicht aus deinem Inneren, aus der Quelle, kommt. Vielmehr fischt dein Ego im Außen nach »Fast Food«, das aber bekanntlich nicht sehr nahrhaft ist und nach dessen Verzehr man schnell wieder Hunger bekommt.

Achte also darauf, substanzielle Fragen zu stellen! Dazu brauchst du selbst klare Gedanken, klare Absichten, und zwar in Richtung Lösung, Heilung, Befreiung!

DIE KUNST, DIE RICHTIGEN FRAGEN ZU STELLEN

»Wenn einer einen wirklich klaren Gedanken hat,
kann er ihn auch darstellen.«
Michel de Montaigne

Warum ist es für viele Menschen, denen ich eine Frage an die Hand gebe, damit sie diese an sich selbst stellen, mit einem Mal so einfach, eine Antwort, eine Lösung zu finden? Die Antwort hierauf ist so simpel wie einleuchtend: Die richtige Frage kann man stellen, wenn man klare Gedanken hat und seinen Fokus auf das Ziel legt. Darum betone ich auch immer wieder, dass »richtig« eben genau das meint, nämlich »zielführend«.

Wer bei seinen Entwicklungsprozessen an den Punkt kommt, die richtigen Fragen zu stellen, hat bereits für Klarheit in seinen Gedanken gesorgt. Diesem Entwicklungsschritt liegt eine Entscheidung zugrunde: die Entscheidung für eine Lösung, einen Ausweg, ein Ende der Misere. Allerdings sorgt das Drama für das genaue Gegenteil. Es verwirrt unsere Gedanken, legt den Fokus auf, na ja, eben das Drama. Wer im-

mer nur denkt: »Ach, mir geht es so schlecht!«, »Ich schaffe das nie!«, »Mit mir meint es das Leben einfach nicht gut!«, der wird schwerlich einen klaren, lichtvollen und Heil bringenden Gedanken fassen können.

Deshalb ist es so wichtig, eine klare Absicht zu setzen. In unserem Fall lautet sie:

> »Ich beende mein Drama und finde mit den zielführenden, mir dienlichen Fragen genau die Antworten, die ich brauche, um wahrhaft frei und glücklich zu werden!«

Welche Formulierungen sind nun zielführend?

In den nachfolgenden Kapiteln gebe ich dir zahlreiche Beispiele für ganz konkrete Themen. Mögen sie dir weiterhelfen, damit du dich frei fragen kannst!

Um selber Fragen stellen zu können, die dich an dein Ziel, deine Selbstbestimmung und deine Freiheit bringen, sind die nachfolgenden Formulierungen geeignet. Ich stelle sie nicht oder wenig zielführenden Formulierungen gegenüber, damit du selber den Unterschied erkennen kannst.

Achte beim Fragenstellen darauf, möglichst die Worte »richtig« und »falsch« zu vermeiden! Denn sie schließen eine Bewertung mit ein. Das Wort, das dir hilft, klare Lösungen zu finden, ist »dienlich«.

Ja-/Nein-Fragen

Häufig gewählte Formulierungen	Klare und zielführende Formulierungen
»Ist diese Ausbildung die richtige für mich?«	»Dient es mir in meiner Entwicklung, diese Ausbildung bei XY zu machen?«
»Bin ich auf dem falschen Weg?«	»Dient es mir, den eingeschlagenen Weg weiterzugehen?«
»Ist das für mich der richtige Arbeitgeber?«	»Bringt mich der Arbeitsplatz in meiner Entwicklung voran/finde ich Erfüllung mit diesem Arbeitgeber?«
»Ist meine Idee mit der Selbstständigkeit falsch?«	»Bringt es mir den erwünschten Wohlstand und die innere Erfüllung, wenn ich mich im nächsten halben Jahr selbstständig mache?«

Wie du sehen kannst, macht dir das Reflektieren über die optimale Formulierung bereits bewusst, **was du dir eigentlich wirklich von diesem Schritt/dieser Veränderung erhoffst!** Mach dir klar, was du in Wahrheit meinst mit »richtig« oder »falsch«! Du bist einzigartig, und ebenso verstehst du unter »richtig« etwas anderes als zum Beispiel deine Kollegin.

Darüber hinaus kannst du merken, ob dir das Stellen einer zielführenden Frage vielleicht ein wenig Angst einjagt. Denn oftmals fürchten wir uns vor Entwicklungsschritten. Dieser Angst können negative Glaubenssätze zum Thema »Entwicklung« zugrunde liegen. Solche könnten beispielsweise lauten:

- Entwicklung ist schmerzhaft.
- Entwicklung bringt Veränderung mit sich, und Veränderung verheißt nichts Gutes.
- Entwicklung heißt zwangsläufig, dass ich diesen Menschen loslassen muss (was ich aber nicht will).

Diese Verhinderungsmuster gilt es, sich bewusst zu machen. Wenn du nun fragst: »Und was soll ich dann machen, wenn ich solche Glaubenssätze habe?«, kannst du mit gezielten offenen Fragen ein großes Stück weiterkommen.

Offene Fragen

Offene Fragen sind Fragen, auf die die Antwort nicht einfach »Ja« oder »Nein« lautet. Vielmehr ist alles als Antwort möglich, auch ganze Sätze, Bilder oder Gefühle. Diese deutlich und nicht vom Ego verzerrt wahrzunehmen, erfordert mehr Übung bzw. mehr Vertrauen in dich und deine Wahrnehmung. Doch auch hier gilt, wie bei allem: Übung macht den Meister und ebenso die Meisterin! Trau dich, und gib dir Zeit!

Im Folgenden formuliere ich auch ein paar typische offene Fragen, die häufig von Menschen unseres Kulturkreises gestellt werden, damit sie zielführender werden. Auf sie wird in den entsprechenden nachfolgenden Kapiteln noch näher eingegangen. Versuche einfach hier und jetzt, den Unterschied hinsichtlich der Präzision bzw. der Absicht hinter den Fragen zu erkennen.

Häufig gewählte Formulierungen	Klare und zielführende Formulierunge
»Was ist meine Berufung?«	»Mit welcher Tätigkeit fühle ich mich (sinn-)erfüllt hier auf Erden?«
»Warum bin ich immer pleite?«	»Wo/in welchem Thema hat mein mangelnder Geldfluss seinen Ursprung und auf welche Weise findet er Heilung?«
»Was soll ich denn jetzt tun?«	»Welcher nächste Schritt hilft mir ganz konkret (im Alltag) dabei, diese Situation zu verändern?«
»Wie bekomme ich das Gewünschte endlich?«	»Was unterstützt mich ganz konkret dabei, meine Wunscherfüllung zu realisieren?«

Merkst du den Unterschied zwischen den Fragen auf der linken und auf der rechten Seite? Natürlich sind auch die Formulierungen in der rechten Spalte maßgeblich davon abhängig, was deine tiefere Absicht hinter der Fragestellung ist. So wollen Menschen aus den unterschiedlichsten Gründen wissen, was ihre Berufung sei (vgl. dazu auch Kapitel »Beruf/Berufung«, S. 36 ff). Um richtig zu fragen und dadurch deine Antworten in dir zu finden, ist es also unerlässlich, dass du dich und deine Absichten erforschst! Eine Frage, die dir dabei weiterhelfen kann, ist:

»Was verspreche ich mir von der Antwort auf diese Frage?«

Allein diese Frage hat es oft schon ziemlich in sich. Bist du bereit dafür, sie dir zu stellen?

ZIELFÜHRENDE FRAGEN FÜR LÖSUNGEN UND MEHR KLARHEIT

»Sobald der Geist auf ein Ziel gerichtet ist,
kommt ihm vieles entgegen.«
Johann Wolfgang von Goethe

Du hast nun einen ersten Eindruck davon bekommen, wie Fragen, auf die man wirklich (!) bewusst eine Antwort haben möchte, gestellt werden sollten. Und vor allen Dingen, dass es dafür wichtig ist, dir deiner wahren Absicht hinter der Suche nach Antworten bewusst zu werden. Das ist ein Prozess, den dir das Buch nicht abnehmen kann.

In den folgenden Kapiteln findest du aber zahlreiche Anregungen, wie du deine Fragen anders und zielführender stellen kannst, um so deine Antworten zu bekommen – sei es durch eine innere Erkenntnis (Worte, Bilder, Empfindungen) oder durch darauffolgende Zeichen im Außen (Begegnungen, Musiktitel, Plakate mit entsprechenden Texten/Bildern usw.). Sei bitte auch geduldig. Denn das Universum bzw. das Leben (wie ich die allumfassende Macht am liebsten nenne) hat nicht nur den Auftrag, dir deine Frage zu beantworten, sondern auch das Ziel, dir die Antwort zum idealen Zeitpunkt zu liefern. Der muss aber nicht identisch sein mit dem, den dein Ego für ideal hält. (Ich glaube, du kannst dir denken, dass ich dir gerade verschmitzt zuzwinkere.)

Einen weiteren Rat möchte ich dir gerne an dieser Stelle geben. Es mag sein, dass manche dieser Fragen für dich absolut existenziell zu sein scheinen. Versuche aber, so gut es geht, dich aus deiner Verzweiflung zu lösen, mit der du eine Antwort suchst. Das ist etwas, was dich noch mehr blockiert, als du es vermutlich ohnehin schon bist. Vielmehr darfst du lernen, spielerisch mit den Fragen und Antworten umzugehen. Je leichter du dieses Spiel nehmen kannst, umso besser für dich. Wobei leicht nicht bedeutet, dass deine Absicht dahinter nicht ernst zu nehmen wäre bzw. du vom Leben deshalb nicht ernst genommen werden würdest. Das ist niemals der Fall.

Für manche Fragen biete ich dir mehrere Umformulierungen an. Hier gilt es für dich, hinzuspüren, zu reflektieren, worum es für dich persönlich bei der Frage geht. Was willst du wirklich wissen? Worum geht es dir eigentlich wirklich?[2] Oftmals scheinen Menschen die gleiche Frage zu haben, etwa die nach ihrer Berufung. Doch entscheidend ist, was hinter dieser Frage steckt. Erkennt man dies für sich nicht, ist es nicht verwunderlich, dass man mit den Antworten nicht zufrieden ist bzw. sie als Antworten erst gar nicht erkennt.

Im nächsten Kapitel (siehe S. 36 ff.) findest du die mir am häufigsten gestellten Fragen rund um das Thema »Beruf/Berufung«. Dazu gebe ich dir Fragen an die Hand, mit denen du weiterkommen kannst, wenn du sie dir bewusst stellst und offen bist für die Antwort(en). Es geht weder in diesem Kapitel noch in den folgenden darum, dir alle Fragen (auf einmal) zu stellen, sondern vielmehr darum, zu erkennen, was dich hinter dieser Frage bewegt. So entsteht für dich mehr Bewusstsein, und du kannst die notwendigen Schritte heraus aus deinen Blockaden hin zu deiner Freiheit vornehmen.

Die fett gedruckten Fragen sind die, die der Ratsuchende stellt. Darunter findest du weiterführende Fragen, Anregung-

2 Für die Frage »Worum geht es hier eigentlich wirklich?« danke ich von ganzem Herzen Ralf Bihlmaier, dem Begründer der Mentalen Resonanz Methode. Diese Frage, die ich mir immer wieder nach innen gerichtet stelle, seit ich sie bei ihm vor über sechs Jahren kennengelernt habe, hat mir sehr oft zu viel Klarheit verholfen.

en, Impulse, die dich in die Lage versetzen, zu erkennen, worum es (für dich) wirklich geht.[3]

Wähle weise, also mithilfe deines Herzens und/oder deines Wahrheitspunktes die Frage aus, die dich am meisten bewegt, und lasse sie auf dich wirken.

> Stelle dir alle wichtigen Fragen stets LAUT! Das hilft dir dabei, aus dem Kopfkino auszusteigen und deinen ersten inneren Impuls besser bzw. deutlicher wahrzunehmen!

Wie bei meinen anderen Büchern gilt auch hier: Das reine Lesen ist es nicht, das dich weiterbringt. Sieh »Frag dich frei!« vielmehr als liebevolles Arbeitsbuch bzw. als ein Buch, das dir Impulse gibt, damit du selber weiterkommst. Das mag manchmal unbequem erscheinen. Doch ist es der wahrhaftige Weg. Dein Ziel darf es sein, irgendwann niemanden mehr auf deinem weiteren Weg zu brauchen, keinen Heiler, keinen Magier, keine Kartenlegerin. Weil du erkannt hast,

3 Weitere häufig gestellte Fragen und welche Absichten wirklich dahinter stecken können, findest du zu jedem der Themen in: »Verändere dein Leben«, Schirner Verlag, voraussichtlicher Erscheinungstermin: Mai 2015.

wer du bist und was du kannst. Und weil du wieder gelernt hast, dir selbst zu vertrauen.

Beruf/Berufung

»Jeder Tag ist eine neue Chance, das zu tun,
was du tun möchtest.«
Friedrich von Schiller

»Ist mein jetziger Beruf/Arbeitsplatz der richtige für mich?«

Wenn er es uneingeschränkt wäre – glaubst du, du würdest diese Frage stellen? Dein Zweifel ist der Beweis dafür, dass tief in dir deine Seele nach etwas anderem ruft. Oder dass du mit deinem Berufsbild, so, wie es ist, nicht zu 100 Prozent zufrieden bist. Menschen, die rundum glücklich sind mit ihrem Beruf bzw. Arbeitsplatz, fragen das schlichtweg nicht.

Deshalb kannst du die folgenden Fragen auf dich wirken lassen. Natürlich kann es auch sein, dass dir beim Lesen dieser Vorschläge andere, eigene Fragen in den Sinn kommen. Das ist wunderbar! Dann folge ihnen!

»Welche Aspekte meines jetzigen Berufs/Arbeitsplatzes schätze ich bzw. schätze ich nicht?«

»Was war meine Motivation, diesen Beruf zu ergreifen bzw. diesen Arbeitsplatz anzunehmen?«

»Wer/welche Umstände hat/haben maßgeblich dazu beigetragen, dass ich mich für diesen Beruf/diesen Arbeitsplatz entschieden habe?«

»Welche Ängste kommen in mir hoch bei der Vorstellung, diesen Beruf/diesen Arbeitsplatz aufzugeben?«
»Was ist meine größte Angst, wenn ich über eine berufliche Veränderung nachdenke?«
»Was hilft mir ganz konkret dabei, mich dieser Angst zu stellen bzw. sie zu lösen?«

»Welche Entscheidungen gilt es, für mich zu treffen, um im Beruf/an diesem Arbeitsplatz Erfüllung zu finden?«
»Was unterstützt mich dabei, diese Entscheidungen machtvoll zu treffen und sie umzusetzen?«

»Welche anderen Möglichkeiten habe ich im Rahmen meines jetzigen Berufs/bei meinem jetzigen Arbeitgeber, eine Veränderung herbeizuführen?«
»Welche konkreten Schritte kann ich hierfür unternehmen?«

Was ist meine Berufung?

»Mache dir selbst zuerst klar, was du sein möchtest;
und dann tue, was du zu tun hast.«
Epiktet

Kaum eine Frage wird mir so häufig gestellt. Und bei kaum einer Frage sind die Menschen so oft so unzufrieden mit der Antwort, die sie erhalten.

Aus irgendeinem Grund verwechseln wir in unserer Gesellschaft etwas sehr Wesentliches, nämlich Beruf und Berufung. Die meisten Menschen, die mich nach ihrer Berufung fragen, sind mit ihrem Beruf nicht zufrieden bzw. sie wissen nicht, was sie beruflich machen sollen. In der Hoffnung, darauf eine Antwort (von außen) zu erhalten, fragen sie nach ihrer Berufung. Das kann natürlich ein Beruf sein, den es so schon gibt. Vielleicht bist du aber auch auf dieser Welt, um einen neuen Beruf zu erschaffen, für dich und/oder andere. 2015 etwa wünschten sich viele Jugendliche, hauptberufliche YouTuber zu werden. Ein völlig normal gewordener Wunsch, den vor zehn Jahren noch kaum einer und vor zwanzig Jahren niemand hatte, weil es YouTube und seine Möglichkeiten damals (so) noch nicht gab.

Vor vielen Jahren kam ich mit einem Paar an einem See ins Gespräch. Ihr Buch über die Palmblattbibliotheken[4] führte uns zusammen. Da ich bereits eine Palmblattlesung in Indien erhalten hatte, tauschten wir uns aus. Schließlich erfuhr der Mann von meinen Gaben und bat mich, ihm doch mit meinen Fähigkeiten zu sagen, was seine Berufung sei. Als ich in mich ging und mich zentrierte, um ihm eine Antwort zu geben, konnte ich wahrnehmen, wie wild sein Herz schlug. So viele Jahre hatte er auf diesen Moment gewartet! Würde er jetzt doch nicht nach Indien müssen, so wie er es eigentlich vorhatte, um die Antwort darauf zu erhalten? Meine Antwort aber ließ seine Mundwinkel nach unten gleiten. Ein »Wegweiser« sei er, er müsse sich gar nicht dafür anstrengen, sondern einfach da sein und tun, wonach ihm der Sinn stehe. Das war nicht das, was er hatte hören wollen. Vielmehr hatte ihn interessiert, ob er eine neue Fabrik bauen sollte. Sein Ego hatte wohl danach gedürstet, zu hören, was für ein wichtiger Unternehmer er doch sei und dass er noch ein Imperium zu gründen hätte, alles im Auftrag des Göttlichen, versteht sich. Aber ein »Wegweiser«? Ach, wie minderwertig schien das doch zu sein, und es klang so gar

4 Der Geschichte nach zeichneten vor ca. 5000 Jahren Menschen, die dazu in der Lage waren, in der Akashachronik, also dem gesamten Weltwissen, zu lesen, die Biografien von den Menschen auf, die irgendwann kommen und danach fragen könnten. Man sagt daher, dass das eigene Palmblatt den vollständigen Lebensverlauf enthält. Palmblattbibliotheken gibt es in Südindien und Sri Lanka.

TOKYO: 17680 KM.
NONO Islas Salomon 13618 KM.
AMSTERDAM 11554 KM.
ROMA 11370 KM.
LONDRES 11204 KM
MADRID 10682 KM.
NUEVA YORK
USHUAIA 2566 KM
BARILOCHE 1129 KM.
POSADAS
ROSARIO
STA. FE 407 KM.

nicht nach Berufung. Tut es wohl. Nur ein Beruf im westeuropäischen Sinne, das ist ein »Wegweiser« natürlich eher nicht.

Es ist sehr wohl möglich, dass es deine Berufung ist, hier zu sein. Deine Ängste loszulassen, dich zu entfalten. Und so der Menschheit durch deine Präsenz zu dienen. Damit lässt sich schwer Geld verdienen? Ja, das sagt deine begrenzte Wahrnehmung. Und wenn das sogar stimmt, dann stellt sich auch die Frage, wo das Problem ist. Niemand hat je behauptet, man müsse zwingend mit seiner Berufung reich werden. Es ist schön, wenn das klappt. Muss aber nicht sein. Du kannst zum Maler berufen sein und dein Geld mit Briefe sortieren verdienen. Allein wenn dich das unglücklich macht, gilt es, einen anderen Weg einzuschlagen.

Wenn du also nach deiner Berufung fragst, dann mach dir bewusst, dass du nach deiner Essenz fragst! Die ist eben nicht immer »Rechtsanwältin!« oder »Bäckermeister!« Vielleicht geht es bei dem, wer du wirklich bist und wozu du berufen bist, um etwas ganz anderes.

»Wieso glaube ich, mit einer Tätigkeit, die ich liebe, genug Geld verdienen zu können, dass es für mich und meine Familie zum Leben gut reicht?«

»Wieso begrenze ich mich in meiner Vorstellungskraft?«

»Welche Tätigkeit, welche Seinsform bringt mein Herz zum Singen?«

»Was würde ich am liebsten den ganzen Tag lang tun, wenn ich kein Geld verdienen müsste?«

»Welche Blockaden halten mich davon ab, neue, kreative Ideen zu entwickeln, um leicht viel Geld zu verdienen?«

»Was hilft mir dabei, meine (finanziellen) Zukunftsängste loszulassen?«

»Warum glaube ich tief in mir, ein wertvollerer Mensch zu sein, wenn ich einen anderen Beruf ausübe?«
»Welchen Imagegewinn verspreche ich mir davon, wenn ich meine Berufung in Form eines Berufs leben kann?«

»Ist es mir wichtig, bekannt, berühmt zu werden? Wenn ja, warum?«

Partnerschaft

»Einen Menschen zu lieben, heißt, ihn so zu sehen, wie Gott ihn gemeint hat.«
Fjodor Michailowitsch Dostojewski

Neben der Frage nach der Berufung gibt es eine weitere Frage, die mir sehr häufig gestellt wird. Vermutlich ahnst du es schon. Sie hat mit dem Seelenpartner/der Seelenpartnerin zu tun. Falls du dich nicht so viel in »spirituellen«[5] Kreisen aufhältst, würdest du wohl eher »Traummann« oder »Traumfrau« dazu sagen. Es spielt keine Rolle, welches Etikett man draufklebt – denn die Bedürftigkeit dahinter ist die gleiche.

Es geht darum, dass tief in dir eine Sehnsucht brennt. Die nach einem anderen Menschen, durch dessen bloße Anwesenheit dein Leben plötzlich bunter, schöner und heller wird. Durch den dein Sicherheitsbedürfnis und dein Wunsch nach Aufmerksamkeit gestillt sowie das Loch der nagenden Einsamkeit gestopft wird. Ja, so viele sehnen sich nach diesem Wunderpendant, und Hollywood verdient sich seit Jahrzehnten dumm und dusselig durch unsere Träume, die es durch seine Filme mal um mal nährt.

5 Die Anführungszeichen setze ich deshalb, weil es nichts und niemanden auf der Welt gibt, das beziehungsweise der nicht spirituell wäre.

Natürlich ist es völlig in Ordnung, sich einen Menschen an seiner Seite zu wünschen, mit dem man gemeinsam durch das Leben gehen kann. Erstaunlich ist doch einfach nur immer wieder, dass fast jeder davon träumt, dass dieser ominöse Seelenpartner einen so liebt, wie man ist. Doch selber tun wir uns dann schwer, jemand anderes so anzunehmen, wie er ist. Hier hakt es ein bisschen und dort wollen wir, dass dieser Mensch anders aussieht. Dann wieder passt uns der Bildungshintergrund nicht, oder die Klamotten zeugen einfach vom falschen Stil. Was es auch immer sein mag, wir denken: »Die Zeichen sind eindeutig, dass diese Person einfach nicht die ist, die von Gott für mich gewollt war. Denn Gott will ja nur mein Bestes. Und mal ehrlich: Das Beste steht ja nicht gerade vor mir.«

»Und ich? Kann und will ich alles dafür tun, zur besten Version meiner selbst zu werden? Bin ich bereit, mich meinen Schatten zu stellen, statt den anderen für meine unterdrückten Schuldgefühle anzufauchen, die er durch seine Bemerkungen triggert?« Hm, eher nicht so prickelnd. Daher sucht man sich lieber begabte Medien, Astrologen, Hellsichtige oder Pendelspezialisten und stellt die folgenden Fragen.

Wer aber wirklich weiterkommen möchte in Sachen »Partnerschaft«, der sucht sich vielleicht dann doch eine der zielführenden Fragen aus. Deine Wahl!

»Soll ich mich von meinem Partner/meiner Partnerin trennen?«

»Welche Konsequenzen genau fürchte ich im Falle einer Trennung?«

»Warum frage ich eine außenstehende Person, ob ich diesen Schritt vornehmen soll?«
»Wieso scheue ich mich davor, die Verantwortung für diese Entscheidung voll und ganz selbst zu übernehmen?«

»Wieso bin ich diese Partnerschaft überhaupt eingegangen und was mochte ich zu Beginn am anderen?«
»Worin sehe ich die Ursachen, dass diese Anziehung nicht mehr gegeben ist?«
»Was habe ich aufgehört zu geben?«[6]

»Wäre ich bereit dazu, nach der Trennung für eine Weile allein zu sein?«
»Würde mir die Entscheidung leichter fallen, wenn ich etwas ›Besseres‹ in der Hinterhand hätte?«

6 *Wer vom Partner meint, etwas bekommen zu müssen (zum Beispiel Anerkennung, Aufmerksamkeit usw.), es aber nicht erhält, der hat es sehr wahrscheinlich (noch) nicht (bedingungslos) gegeben oder hat aufgehört, es zu geben.*

»Würde ich mir diese Frage auch stellen, wenn ich nichts vermeintlich Besseres in der Hinterhand hätte?«

»Wenn ich schon so lange unglücklich bin, wieso bin ich dann überhaupt noch mit diesem Menschen zusammen?«
»Welche Schuldgefühle schlummern tief in mir, die mich glauben lassen, ich hätte nichts Besseres verdient?«

»Wie lauten meine destruktivsten, negativsten Glaubenssätze zum Thema ›Partnerschaft‹?«
»Von wem habe ich sie übernommen?«
»Was brauche ich, um sie zu verändern, um mein Denken neu und positiv ausrichten zu können?«

»Stimmen meine tiefen Sehnsüchte und meine kognitiven Erwartungshaltungen an eine Partnerschaft überein?«
Falls nein: »Wo liegen die Differenzen?«
»Welches Bild habe ich von mir selbst als Partner/Partnerin?«

»Habe ich das Gefühl, zu genügen?«
»Habe ich das Gefühl, missbraucht/ausgenutzt zu werden?«
Falls ja: »Warum lasse ich das zu?«

»Wann kommt endlich mein Seelenpartner/meine Seelenpartnerin?«

»Wieso fällt es mir so schwer, ohne Partner zu sein?«
»Welche Erwartungshaltung habe ich an einen ›Seelenpartner‹ im Gegensatz zu anderen potenziellen Partnern?«
»Glaube ich, tief in mir, dass ich das geben kann, was ich vom anderen erwarte?«
»Bin ich bereit dazu, mich voll und ganz zu geben und mich auf diese Verbindung zu einem anderen/zu diesem Menschen einzulassen?«

»Welche Beziehungsmuster in meinem Leben haben mich besonders geprägt?«

»Wie sehen diese Prägungen konkret aus?«
»Welche meiner Eigenschaften könnte ein Seelenpartner an mir lieben, was ein anderer Partner aber nicht schafft?«
»Mag ich diese Seiten an mir?«
»Was kann ich tun, ganz konkret, um mich selbst voll und ganz annehmen zu können?«

»Halte ich mich für begehrenswert?«
»Halte ich mich für uneingeschränkt liebenswert?«
»Welche konkreten Schritte kann ich unternehmen, um mich selbst mehr zu lieben und anzunehmen?«

»Wieso bin ich so ungeduldig, wenn es um meinen Seelenpartner geht?«
»Was glaube ich zu versäumen?«
»Was konkret wäre meiner Meinung nach in meinem Leben besser, wenn er da wäre?«
»Welche Potenziale bringt er mit, die ich mir selbst aus mir heraus noch nicht geben kann (Sicherheit, Vertrauen etc.)?«
»Was hilft mir dabei, diese Potenziale uneingeschränkt in mir freizulegen?«

»Warum weigere ich mich, meine Energie darauf zu lenken, mich selbst mehr lieben zu lernen?«
»Warum macht es mich eigentlich wirklich wütend, dass ich mich dauernd in Selbstliebe üben soll, statt endlich in der Traumpartnerschaft zu leben?«
»Was konkret werfe ich Gott vor, wenn ich mich darüber beklage, alleine und einsam zu sein?«
»Wo hat dieser Konflikt mit Gott seinen Ursprung?«
»Was konkret hilft mir, diesen Konflikt zu heilen?«[7]

7 Ungeachtet dessen, was aus dem eigenen Inneren bzw. dem Wahrheitspunkt hervorgeht, empfehle ich für Vergebung immer wieder gerne Ho'oponopono. Eine Übung, die ebenso einfach wie wirkungsvoll ist, wenn sie aus vollem Herzen praktiziert wird. Nähere Informationen dazu im Internet oder bei Ulrich Emil Duprée: »Ho'oponopono – Das hawaiianische Vergebungsritual«, Schirner Verlag 2016.

Wie in allen Kapiteln wird es auch und gerade an dieser Stelle passieren, dass du bei manchen Fragen wütend wirst, ja, vielleicht das Buch am liebsten in die Ecke schmeißen würdest. »Was soll ich mit dem Mist? Ich will Antworten! Stattdessen soll ich mir eine Unmenge an Fragen stellen, die mir auf die Nerven gehen!« Wenn das passiert, dann hast du die Chance, zu erkennen, dass hier dein wunder Punkt liegt.

Gib dir Zeit, diese Gefühle zu beobachten! Setz dich hin, lasse sie einfach da sein, auch wenn es unangenehm zu sein scheint, und schau dem Sturm in deinem Inneren zu. Denn hier greift das Gesetz des Universums: Alles kommt, alles vergeht. Auch das Thema und seine Ursache, die dich eben durchrütteln.

Geld

»Das Geld, das man besitzt, ist das Mittel zur Freiheit, dasjenige, dem man nachjagt, das Mittel zur Knechtschaft.«
Jean-Jacques Rousseau

Es gibt kaum etwas auf dieser Welt, das so sehr gehasst und so sehr geliebt wird wie Geld. Während die einen es verachten und sich wünschen, dass das gesamte System zusammenbricht, häufen die anderen es massenweise an und würden am liebsten in ihrem Geldhaufen baden wie Dagobert Duck (wenn es nicht so weh täte, in die Münzberge mit dem Kopf voran zu springen).

Doch wie bei allem gilt: Geld ist Geld. Alles andere entspringt unserer Bewertung. Natürlich ist Geld nicht alles. Sonst wären so viele reiche Menschen nicht so unglücklich. Aber mitten in unserer Gesellschaft ganz ohne Geld zu sein, mutet für viele eben doch auch sehr bitter an.

Ich erinnere mich gut an einen Satz einer »sehr spirituell lebenden« Frau in München. Nachdem sie mir ihre Lebenssituation geschildert hatte, meinte sie abschließend: »Also läuft alles schon wirklich gut. Nur der Geldfluss, der fließt noch nicht so richtig.« Ach, wie viele Menschen es doch

gibt, die genau das behaupten! Dabei übersehen sie eine sehr wichtige Sache: Auch zu Geld hat man eine Beziehung. Und wenn diese gestört ist, dann sind auch andere Beziehungen in meinem Leben gestört. Denn als ich auf die Welt kam, war Geld einfach … Geld. Alles, was ich heute über diese Münzen und Scheine denke, habe ich übernommen oder aufgrund eigener Erfahrungen als universelle Wahrheit in meinem Unterbewusstsein oder sogar Bewusstsein behalten.

Mir wäre es am liebsten, wenn all die gutherzigen und liebevollen Menschen auf diesem Planeten endlich ihre Bescheidenheitsmuster und Mangelthemen ablegen würden, damit das Geld zu ihnen strömt, auf dass sie Sinnvolles damit anstellen! Hin zu den Menschen, die bereit sind, es zu teilen, statt es einfach zu horten und zu bunkern aufgrund ihrer eigenen Mangel- und Ohnmachtsthemen. Natürlich kann man in Askese leben! Natürlich kann man ohne (viel) Geld ein erfülltes Leben führen! Das weiß ich, und das glaube ich auch. Aber man muss es nicht! Wer jetzt Lust verspürt, Markus 10,25 zu zitieren (»Eher geht ein Kamel durch ein Nadelöhr, als dass ein Reicher in das Reich Gottes gelangt«), dem lege ich dringend ans Herz, solche Glaubenssätze noch einmal zu überdenken. Die Frage ist nämlich nicht, ob du finanziell gesehen reich bist. Die Frage ist: Was tust du mit dem Geld? Theoretisch gesehen ist zum Beispiel Amma, ein weiblicher Satguru aus Indien, sehr, sehr reich. Sie kann über Millionen von Euros verfügen. Und das sind auch noch alles Spendengelder! Die arbeitet nicht mal hart dafür wie die meisten Deutschen, sondern sitzt den ganzen Tag da und umarmt Menschen.

Natürlich bitte ich dich, diese Sätze nicht ernst zu nehmen (ich glaube vielmehr, dass kaum jemand so viel arbeitet wie Amma). Ich überzeichne, um dir klar zu machen, was für Glaubenssätze in uns schlummern können. Ich finde es großartig, dass Amma über viel Geld verfügt. Wann immer Hilfe gebraucht wird, ist sie damit zur Stelle. Dass sie persönlich nichts davon für sich in Anspruch nimmt, ist eine andere Sache. Sie ist also reich und gleichzeitig auch nicht. Jedenfalls hat sie eines ganz sicher nicht: ein »Geldthema«. Denn sie ist Liebe, lebt Liebe, gibt Liebe.

»Warum fließt der Geldstrom nicht richtig bei mir?«

Bist du dir sicher, dass er nicht fließt? Kann es sein, dass dein Geldstrom fließt, allerdings nur in eine Richtung, in Richtung Ausgaben?

»Welche Beziehung habe ich zu Geld?«
»Was denke ich eigentlich wirklich über Geld?«
»Was würde sich in meinem Leben verändern, wenn ich plötzlich sehr viel Geld hätte?« (Und denke diese Frage zu Ende, sie hört nach dem Kauf der Eigentumswohnung o. Ä. nicht auf!)
»Halte ich mich dazu in der Lage, verantwortungsbewusst und gekonnt mit einem Vermögen umzugehen? Wieso ja/ wieso nein?«

»Was fühle ich, wenn ich Menschen sehe, die kaum oder gar nicht für ihr vieles Geld arbeiten?«
»Wie gut kann ich anderen ihren Wohlstand gönnen?«

»In welchen Bereichen des Lebens tue ich mich noch schwer, einfach etwas (geschenkt) anzunehmen?«
»Wieso fällt es mir so schwer, auf Komplimente einfach mit ›Danke!‹ zu antworten?«

»Welche Veränderungen verspreche ich mir davon, wenn ich mehr Geld hätte?«
»Welche Ideen schlummern in mir zu der Frage, warum Gott mir etwas nicht gönnt oder geben will, obwohl er es anderen zukommen lässt?«

595 50.3
1414.21
30.65
7113.74
€ 9.99
7113.74
€ 66.66
€ 99.99
7113.74
€ 99.99
£99.90
£52.80
£99.90
£52.80
595 50.3
£99.90
€475.29
€475.29
99.90
€475.29

»Wie wertvoll bin ich?«
»Wenn man mich entführen würde, was glaube ich, wäre ein fairer Preis für mich?«
»Bei einer selbstständigen Arbeit: Welchen Stundenlohn kann ich/könnte ich berechnen, ohne mich schuldig, schäbig oder ausbeuterisch zu fühlen? Wo liegt genau meine Schmerzgrenze? Welche Summe finde ich angemessen, welche unanständig? Bei welcher glaube ich, dass das keiner mehr bezahlt für meine Dienstleistung/mein Produkt?«

»Wieso möchte ich Kunden haben, die nicht so viel Geld besitzen, anstatt als Zielgruppe die Superreichen zu wählen?«[8]
»Wen finde ich sympathischer: den Rechtsanwalt, der für 50 Euro die Stunde Arbeitslose vertritt, oder den, der für 1500 Euro die Stunde Firmen berät? Und wieso?«
»Welches Bewertungssystem springt bei dieser Frage in mir an?«

»Was brauche ich konkret, um meinen Selbstwert steigern und nach außen hin authentisch präsentieren zu können (vor meinen Kunden, vor meinem Vorgesetzten)? Und warum habe ich mich nicht längst für diese Dinge entschieden?«

8 Hier geht es darum, dass du dir u.a. bewusst machen kannst, was du mit deiner Dienstleistung/deinem Produkt wirklich erreichen willst.

»Was ist meine tiefste Überzeugung in Sachen ›Armut‹?«
»Was hilft mir ganz konkret dabei, meine negativen Glaubenssätze und Prägungen in Sachen ›Geld‹ loszulassen?«
»Was ist der nächste, konkrete Schritt, der mich dabei unterstützt, mich dem mir zuströmenden Geldfluss zu öffnen?«

»Wie ist mein Vater mit Geld umgegangen? Welche Einstellung hatte er zu Geld?«
»War bei uns in der Ursprungsfamilie das Geldverdienen Vatersache, Muttersache oder eine Angelegenheit von beiden?«
»Hat ein Elternteil oder haben beide Elternteile darunter gelitten, dass die Situation war, wie sie war?«
»Inwiefern war Geld bei uns ein/kein Thema?«
»Wann habe ich mich als Kind schuldig gefühlt, wenn für mich Geld ausgegeben wurde?«

»Was brauche ich, um dem Geld das vergeben zu können, was ich ihm vorwerfe?«
»Was unterstützt mich ganz konkret dabei, eine aufrichtige Liebe zu Geld zu entwickeln?« (Beobachte dich hier ganz genau. Wie fühlt es sich an, wenn du »aufrichtige Liebe« und »Geld« in Zusammenhang bringst?)
»Was haben Geld und ich gemeinsam?«

»Was unterstützt mich konkret dabei, auf meine Impulse zu hören, die mir eine Richtschnur dafür sind, wie ich zu Geld kommen kann?«

»Welche Muster halten mich davon ab, zündende Ideen in die Tat umzusetzen?«

»Wann und wieso lehne ich Geldgeschenke (des Lebens) ab?«

Gesundheit

»Die größte aller Torheiten ist,
seine Gesundheit aufzuopfern, für was es auch sei.«
Arthur Schopenhauer

»Gesundheit« ist ein Themenfeld, das sich von den vorhergehenden unterscheidet. Denn während sich der Mensch interessanterweise mit seinem Beruf, Partnerschaft und Geld fortwährend beschäftigt, zumindest ab dem Teenageralter, wird Gesundheit erst dann für ihn interessant, wenn sie nicht mehr vollständig vorhanden ist. Anders gesagt: Der Mensch interessiert sich oft nur für seine Gesundheit, wenn er krank ist. Dabei rücken alle anderen Aspekte in den Hintergrund, wenn der Körper anzeigt, dass etwas in Schieflage ist. Schade, denn es würde uns sicherlich guttun, mindestens ebenso viel nach vollkommener Gesundheit zu trachten wie nach einem vollen Bankkonto oder einer erfüllten Partnerschaft.

So gehen die Fragen der Menschen, die sich mit Gesundheitsthemen beschäftigen, weit auseinander. Denn ihre Fragen sind sehr speziell, sehr auf ihre Krankheit gemünzt. Dennoch gibt es auch hier zwei Fragen, die generell gestellt werden können. Wenn du sie in Hinblick auf dein spezielles

Gesundheitsthema abwandelst, wirst du merken, was sie in dir auslösen.

Ungeachtet dessen, ob du momentan krank bist oder gesund, lohnt es sich für dich, dir die folgenden Fragen durch den Kopf, mehr noch aber durch das Herz gehen zu lassen. Denn wie viel schöner wäre doch das Leben, wenn wir uns stets bei bester Gesundheit wüssten! Eine Frage, die ich jedem Menschen sich zu stellen empfehle, ist die folgende:

»Was würde sich in meinem Leben ändern/was würde ich ändern, wenn ich absolut sicher wüsste, dass ich zeit meines Lebens bei göttlich vollständiger Gesundheit wäre?«

Nimm dir Zeit, diese Frage auf dich wirken zu lassen! Sie kann dich in sehr tiefe Schichten deines Denkens führen, wenn du es zulässt!

Nun aber zu den zwei Fragen, die Menschen stellen, die ein Gesundheitsthema haben (wobei sich diese Fragen hier ausschließlich auf die körperliche Gesundheit beziehen).

»Wieso habe ich dieses chronische Leiden?« (Setz am besten genau dein Krankheitsbild bei der Formulierung ein!)
»Was muss ich nicht tun, weil ich diese Krankheit habe?«

»Welche Vorteile habe ich durch diese Krankheit (zum Beispiel häufig Besuch, nicht arbeiten gehen zu müssen usw.)?«

»Was stört mich ganz konkret daran, diese Krankheit zu haben?«
»Wogegen wehre ich mich am meisten?«

»Wenn ich nur einmal für fünf Minuten lang glauben würde, dass meine Krankheit mich in diesem Leben etwas lehren soll, was könnte das sein?«
»Glaube ich, dass ich durch diese Krankheit bestraft werde? Wenn ja, wofür?«

»Welche Gefühle löst es in mir aus, dass ich diese Krankheit einfach nicht loswerde (zum Beispiel Ohnmacht, Hilflosigkeit, Wut etc.)?«
»Wo genau spüre ich die jeweiligen Gefühle?«
»Wenn ich in diese Stelle hineinfrage: ›Worum geht es hier eigentlich wirklich?‹, welche Antwort zeigt sich mir?«
»Was ist meine tiefste Überzeugung, wenn es um meine Krankheit geht?«

»Welche Konsequenzen hat die Krankheit, von Schmerzen abgesehen, für mein Leben? Welche davon finde ich angenehm?«

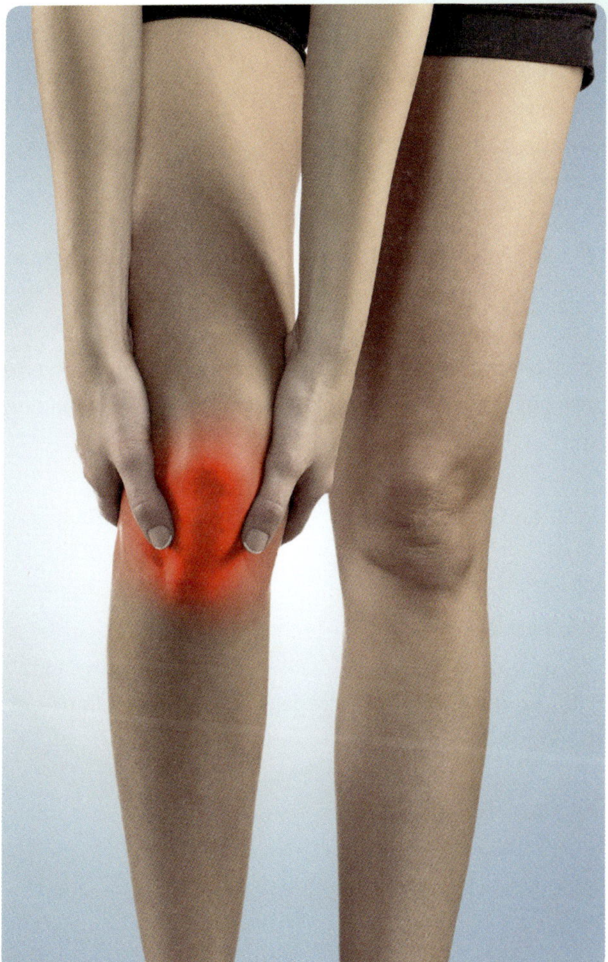

»Was würde sich in meinem Leben ganz konkret verändern, wenn ich den Kampf gegen die Krankheit vollständig aufgeben würde?«
»Welche Menschen inspiriere ich durch meinen Umgang mit meiner Krankheit?«

»Wofür genau kann ich vor mir selber den Hut ziehen im Umgang mit meiner Krankheit?«

»Wieso habe ich diese Beschwerden?« (Auch hier setzt du bitte ggf. dein genaues Krankheitsbild bei der Fragestellung ein.)

»Was muss ich nicht tun, wenn ich diese Beschwerden habe?«

»Woran erinnert mich dieser Schmerz?«

»Welche Assoziationen habe ich mit dem betroffenen/erkrankten Körperteil?«

»Wer wäre ich ohne diesen Schmerz?«

»Worüber beschwere ich mich immer wieder in meinem Leben?«

»Welche negativen Gefühle kommen in mir zusätzlich zu den Schmerzen hoch, wenn ich wieder unter ihnen leide?«
»Woher kenne ich diese Gefühle aus meinem Leben?«

»Mit welchem (An-)Teil von mir bin ich im Krieg?«
»Was an/in mir will ich nicht akzeptieren?«

Falls du besonders frustriert oder verzweifelt bist, kann es sein, dass dieses Kapitel ebenfalls negative Reaktionen in dir auslöst. Anstatt hier ein Heilmittel zu bekommen, wird dir ein Haufen Fragen vor die Nase geknallt, die du auch noch selber beantworten sollst. Als hättest du nicht schon genug Sorgen!

Dies ist ein sehr sensibler Themenbereich, und es ist klar, dass schwere Krankheiten mehr bedürfen als fünf, sechs Fragen. Und doch: Ich glaube, dass es für jeden körperlich kranken Menschen eine Herausforderung wie auch eine Chance ist, sich tiefer gehend mit seiner Krankheit zu beschäftigen. Wer große Schmerzen leidet oder im Drama versinkt, ist schwer bis gar nicht mehr offen für solch einen Zugang. Doch gibt es immer wieder auch Menschen, die dafür bereit sind, diesen Weg zu gehen oder ihm zumindest eine Chance zu geben. In jedem Fall wirst du viel über dich selbst erfahren, wenn du dir erlaubst, tief in dich mit diesen oder ähnlichen, von dir selbst formulierten Fragen einzutauchen.

Solltest du einen Teil deiner göttlich perfekten Gesundheit verloren haben, so wünsche ich dir von ganzem Herzen gute Besserung und ein vollständiges Genesen an Körper, Geist und Seele!

Spiritualität

»Jedes Leben hat sein Maß an Leid.
Manchmal bewirkt eben dieses unser Erwachen.«
Buddha

Auch bei diesem Thema gehen die Fragen etwas weiter auseinander. Denn bei Spiritualität dreht es sich ja gerade um Aspekte der Einzigartigkeit und des inneren Kerns.

Dennoch möchte ich es nicht versäumen, dir auch hierzu ein paar Fragen an die Hand zu geben, die dir viel Klarheit bringen können, wenn du sie dir laut und mit der nötigen Offenheit für die Antwort stellst.

»Was sagen die Engel/was sagt mein Geistführer zu diesem Thema?«

»Welcher Teil in mir wird befriedigt, wenn eine scheinbare Autorität im Außen (ein Engelmedium etc.) mir diese Frage beantwortet?«

»Wieso glaube ich, diese Antworten nicht selbst aus der Geistigen Welt empfangen zu können?«

»Warum vertraue ich meiner Wahrnehmung nicht?«
»Was würde sich für mich ändern, wenn ich glauben würde, ich könnte fehlerfrei mit der Geistigen Welt kommunizieren?«
»Auf welche Frage würde ich mir dann sofort eine Antwort wünschen?«

»Wieso stelle ich die gleichen Fragen wiederholt verschiedenen ›Autoritäten‹ (Medien, den Karten, dem Pendel usw.)?«

»Welche Antwort will ich keinesfalls hören?«
»Wieso nicht?«

»Welche Ängste würde es in mir auslösen, selbst mit der Geistigen Welt kommunizieren zu können?«

»Wer würde mich dann ablehnen?«

»Wieso glaube ich, dass ein Geistführer etc. mehr über mich weiß als ich selbst?«
»Was kann ich ganz konkret in meinem Leben/in mir verändern, damit ich mich selbst als absolute Autorität anerkennen kann?«

»Was verspricht der faule Teil in mir, der lieber will, dass ich andere frage, statt in mir selbst zu forschen?«

»Woher kenne ich das Thema ›Abhängigkeit von größeren/wichtigeren/bedeutenderen Menschen als ich‹ noch aus meinem Leben?«

»Welche konkreten Schritte helfen mir dabei, mir selbst und meiner Wahrnehmung mehr zu vertrauen?«

»Was davon ist der nächste konkrete Schritt für mich?«

»Was oder wer unterstützt mich dabei?«

Wer bin ich in Wahrheit?

Über die Jahre hinweg bin ich schon zahlreichen Maria Magdalenas, Jesussen oder auch Erzengel Michaels begegnet. Darüber möchte ich mich nicht lustig machen (na ja, manchmal tue ich das schon ein bisschen, denn nicht jeder, der sich dafür hält, verhält sich auch entsprechend). Ich kann mir sehr wohl gut vorstellen, dass viele Menschen Anteile dieser Energien in sich tragen, die eben sehr stark sind und von daher dominieren, sodass eine hohe Identifikation eintritt, vielleicht sogar bis hin zu Visionen und Erinnerungen. Das halte ich deshalb für möglich, weil ich sehr vieles für möglich halte. Meine eigenen Erfahrungen jenseits des 3D-Raumes haben meinen Verstand vor ein paar Jahren so weit gesprengt, dass ich für das Unmögliche offen sein und das Normale immer wieder anzweifeln kann.

Gleichzeitig weiß ich, wie wichtig es für viele Menschen ist, die auf der Suche nach ihrem Kern sind, sich abseits der oberflächlichen Frage …

»Wer bin ich in Wahrheit wirklich?«

… ein paar andere bzw. weiterführende Fragen zu stellen. Beispielsweise die folgenden:

»Was würde ich in meinem Leben verändern, wenn ich eine klare Antwort auf diese Frage erhalten würde?«
»Auf welche Antwort hoffe ich?«
»Was würde passieren, wenn ich eine eindeutige Antwort erhalten würde, die eine scheinbar völlig unspektakuläre Energieform beinhalten würde? Wenn die Antwort also wäre: ›Kleiner Sternenstaubhaufen, vierter von links, Reihe 600 000, hinter dem Pluto‹?«

»Wer wäre ich gern, wenn ich nicht ich wäre?«
»Was wäre dann besser, schöner, wunderbarer?«
»Wieso glaube ich nicht, dass ich dieses Bessere, Schönere und Wunderbarere auch in meiner jetzigen Seinsform haben/sein kann?«

»Welche konkreten Vorstellungen hast du davon, wie sich diese Antwort dir präsentieren soll? Ist es vielleicht etwas besonders Spektakuläres, wie zum Beispiel die Muttergottes persönlich, die zu dir spricht?«
»Welches Gefühl entsteht bei dir durch diese Vorstellung?«

»Was löst die schlichte Antwort ›Na, du halt!‹ in dir aus?«

»Was könntest du ganz konkret in deinem jetzigen Leben verändern, um dich mit dem, was und wer du bist, absolut wohlzufühlen?«

»Welchen dieser Schritte könntest du hier und jetzt in die Tat umsetzen?«

Verdecktes aufdecken

»Ein Sonnenstrahl reicht hin, um viel Dunkel zu erhellen.«
Franz von Assisi

Wir haben viele Fragen, die uns beschäftigen. Und ja, es ist wichtig und sinnvoll, immer tiefer in das einzutauchen, was wir wissen wollen.

Jenseits dessen gibt es aber noch etwas anderes. Es gibt Fragen, die wir nicht stellen wollen. Keinesfalls. Fragen, die Bereiche in uns berühren, wo wir nicht hinwollen. Angst stellt sich uns hier einmal mehr als Trugbild mächtig in den Weg. Denn das Ego möchte, dass wir Angst haben vor unseren tiefsten Tiefen, und gaukelt uns vor, wir wären sicher, wenn wir dort nicht hingehen. Dabei liegt genau darin die Heilung, heißt: die Chance zur Ganzwerdung. Was aber bedeutet das konkret?

Stell dir einmal vor, du schneidest dich mit einem Messer in die Fingerkuppe. Das kann sehr weh tun. Welche Lösung würdest du dir jetzt vorschlagen? Vermutlich wäre es in deinem Sinne, die Wunde zu säubern und sie danach sanft, aber gründlich zu schließen, damit sie vollständig heilen kann. Vielleicht heilt sie so gut, dass ein paar Wochen später nichts mehr zu sehen ist. War der Schnitt aber tief, so wird dir eine Narbe bleiben, die allein der Erinnerung dient, dir jedoch nicht mehr wehtut.

Was tust du aber mit deinen seelischen Schmerzen?

Bleiben wir bei dem Bild mit dem Schmerz in der Fingerkuppe, sieht deine Lösung meist so aus: »Oh, die Fingerkuppe schmerzt mich. Dann werde ich am besten mal den ganzen Finger abschneiden. Ist ja logisch. Kein Finger, keine schmerzende Fingerkuppe!«

Verrückt, oder? Ja, genau, total verrückt. Weil es der Vorschlag des Egos ist, das unseren Geist verwirrt, sodass Verrücktes für normal und Normales für verrückt gehalten wird. Das Ego verkauft uns Sicherheit und versichert uns durch seine vorgeschlagenen Lösungen. Angst ist sein Nährboden. Von daher kommt es ihm sehr entgegen, wenn wir ihm glauben und Angst vor unseren tiefsten Tiefen und alten Verletzungen haben. Der Ergebnis: Wir weigern uns, unsere alten Schmerzen zu fühlen. Wir wollen davon nichts mehr wissen, von unseren gebrochenen Herzen, unseren enttäuschten, verzweifelten und hilflosen Momenten. Wir weigern uns, das zerstörerische und gemeine Verhalten eines anderen, ja, ganzer Völker als Spiegel unseres Unbewussten zu erkennen. Rache, Gier, Mordlust, zerstörerischer Willen – das zeigt sich immer bei anderen. Rechthaberei, berechnendes Gebaren, egoistische Geilheit – das hat nichts mit uns zu tun. Dabei verurteilen wir und verurteilen den Nachbarn, die Eltern, die Kinder und Regierungschefs. Wir wissen stets genau, wer von den anderen recht hat und wer eigentlich kein Recht besitzen sollte, auf diesem Planeten zu wandeln.

Allein der, der dazu bereit ist, in sein Unbewusstes zu blicken, weiß: Nichts, aber rein gar nichts, was ich je im Außen verurteilt habe, wäre nicht auch in mir zu finden.

Wenn du einen Beitrag dazu leisten möchtest, deine Welt zu einem schöneren Ort zu machen, dann tritt diese Reise an. Hier buchst du nicht pauschal mit all inclusive, hier begibst du dich auf eine Abenteuerreise. Nicht jedem ist es in diesem Leben vorherbestimmt, zu erkennen, was wahre Schöpferkraft bedeutet und wo sie entspringt. Na und? Lass doch jeden seinen Weg gehen! Hör auf damit, zu verdammen und krampfhaft zu missionieren, und inspiriere andere, indem du selbst so glücklich wirst, dass sie gar nicht mehr anders können, als deinem Beispiel folgen zu wollen. Dann werden sie von alleine auf dich zukommen und beginnen, dich zu fragen, wie du das machst.

Hier gibt es keine Fragen, die du nicht zweckdienlich stellst. Weil du sie gar nicht stellst.

Mögen die folgenden Fragen – laut und ernsthaft gestellt, also mit echter Absicht, Antworten zu erhalten – dir den Weg hinein in dein Dunkel weisen, damit du es erhellen kannst!

»Wo ist der Anteil, den ich bei XY verurteile, in mir zu finden?«

»Mit welcher Frage/welchem Thema möchte ich mich keinesfalls beschäftigen?«

»Um welches Thema mache ich seit Jahren einen Bogen?«

»Was verspreche ich mir davon, weiter an meiner Angst vor … festzuhalten?«

»Was ist der selbstzerstörerischste Aspekt in mir? Und was hilft mir ganz konkret dabei, ihn hier und jetzt in die Heilung zu geben?«

»Mit welchen Tricks/Maschen versucht mein Ego, mich von meiner tiefsten Wahrheit fernzuhalten?«

»In welchen Situationen war/bin ich …

- rachsüchtig?
- gierig?
- berechnend?
- hinterhältig?
- schadenfroh?
- lieblos?
- egoistisch?
- distanziert?
- machtgeil?
- brutal?
- mordlüstern?
- ein Terrorist?
- alles andere als umweltfreundlich?
- blind dafür, dass andere den Preis für mein Schnäppchen bezahlen?
- rechthaberisch?
- überheblich?
- geizig?
- maßlos?
- hasserfüllt gegenüber mir selbst/gegenüber anderen?
- …?«

SATZZEICHEN-WECHSEL

»Was für ein seltsames Buch! Fragen über Fragen … Und das soll frei machen?«, wirst du dich vielleicht fragen.

Wenn du das jetzt noch denkst, dann habe ich noch eine Frage für dich:

»Hast du dir wirklich auch nur eine der alternativen Fragen hier ernsthaft gestellt, in dich hineingehorcht und sie auf dich wirken lassen?«

Wenn die Antwort hierauf »Ja« ist, dann würde ich mich sehr darüber wundern, dass du den Wert zielführender Fragen nicht erkennst. Oder aber die Alternativen hier sind einfach nicht deine. Dann empfehle ich dir, in dich hineinzuspüren und dich zu fragen:

»Welche ganz konkrete Frage bringt mich hier und jetzt persönlich weiter?«

Da kommt so einiges hoch, wenn man es zulässt! Spannend ist das in jedem Fall.

Was ich dir in jedem Fall wünsche, ungeachtet dessen, zu welchem Lebensbereich du Fragen hast, ist dies:

Mögest du als bald als möglich die Satzzeichen wechseln können!
Mögest du dir so klare Fragen stellen, dass du das Fragezeichen sehr schnell gegen ein Ausrufezeichen tauschen kannst!
Und mögest du den Mut haben, die daraus notwendigen Veränderungen in deinem Leben vorzunehmen!

Denn ich werde es nicht müde, zu sagen:

»Es kann einfach nicht zu viele glückliche Menschen geben auf diesem Planeten!«

Falls du nicht weißt, wie du dein Leben ändern oder woher du den Mut dazu nehmen sollst, dann empfehle ich dir … tja, was soll ich sagen? Die entsprechende Frage, an dich selbst zu richten.

Zum Thema »Mut für Veränderungen hin zu deiner Freiheit« aber möchte ich dir abschließend noch einen Gedanken mitgeben.

11 12 1
10 2
9 3
8 4
7 6 5

Viele Menschen sehen, wie sehr ich mein Leben verändert habe. Sie seufzen, sie wünschten, sie könnten das auch. Sie sagen: »Aber ich bin nicht so mutig wie du!«

Was für ein kluger Schelm das Ego doch ist! Ich sage dir jetzt einmal, wie mutig du bist.

Jeden Tag aufzuwachen und zu wissen, dass ein grauenvoller Tag vor einem liegt, den man eigentlich gar nicht erleben möchte. Mindestens fünf Tage die Woche viele Stunden am Tag eine Arbeit zu verrichten, die man nicht liebt und trotzdem hinzugehen. Neben einem Menschen einzuschlafen und aufzuwachen, den man nicht nur nicht liebt, sondern vielleicht sogar verabscheut. Der einen misshandelt und quält, sei es seelisch, körperlich oder geistig. Jeden Tag seinen Körper zu vernachlässigen und ungesunde Sachen in ihn hineinzustopfen, obwohl man genau weiß, dass das auf Dauer wahrscheinlich nicht gut geht. Jeden Tag traurig und verzweifelt das leere Konto zu sehen und gleichzeitig auf diese unverschämt Reichen zu schimpfen, die dieses verwünschte Geld anhäufen, diese Verbrecher! Jeden Tag all diese Dinge zu tun, unglücklich zu sein, unfrei und frustriert und NICHTS zu verändern, obwohl man weiß, dass das kein Leben ist, sondern ein Sterben auf Raten. DAS nenne ich mutig! Denn es bedeutet, dass du jeden Tag dem Grauen ins Gesicht blickst und trotzdem da bleibst, wo du bist. Wow. Das könnte ich nicht! Und ich will es auch nicht.

Willst *du* es noch?
Gute Frage, oder?

DANK

Welche Bedeutung und Tragweite es hat, nach innen gerichtet die richtigen Fragen zu stellen, durfte ich gleich zu Beginn meines bewussten Weges hin zu mir selbst erfahren. Dafür danke ich Ralf Bihlmaier und Kurt Zyprian Hörmann. Bei ihren Kursen und Seminaren habe ich vor Jahren das Grundhandwerkszeug kennengelernt, auf das ich später aufbauen konnte.

Bedanken möchte ich mich auch bei den Energien, die mich beim Schreiben dieses Buches enorm beflügelt haben. Ich weiß nicht, was an der spanischen Küste los war, an dem Ort, wohin ich mich zurückgezogen hatte, um zu schreiben, aber es war etwas los! Die Muße, nachzufragen, hatte ich allerdings nicht. Denn es war mir ziemlich egal, wer oder was mir diesen unglaublichen Antrieb und diese Inspiration eingehaucht hat. Wichtig ist nur, dass es so war. Und dafür bin ich sehr dankbar.

Und ich danke nicht zuletzt all denjenigen, die bereit sind, den scheinbar nicht so bequemen Weg nach innen, hin zu sich selbst, zu gehen. Es ist sehr leicht, anderen Fragen zu stellen. Doch eine klare Frage zu formulieren, bewusst und mit klarer Absicht, und damit dem Universum einen Auftrag

Danke!

zu erteilen, wissend, dass die Antwort und ihre Umsetzung Konsequenzen haben werden, das erfordert Mut, Kraft und Ausdauer. Doch was wäre diese Welt, wenn es genau diese Menschen nicht gäbe? Ich ziehe meinen Hut vor euch! Schön, dass es euch gibt! Schön, dass es uns gibt! Denn auch wenn so vieles auf dieser Erde geschieht, das nicht nach Liebe aussieht, weil der Deckmantel der Angst es undurchsichtig einhüllt, so hält es mich doch nicht davon ab, an den guten Kern im Menschen zu glauben, in jedem von uns. So erinnere ich mich immer wieder gerne an den »Prolog im Himmel« aus Johann Wolfgang von Goethes »Faust«, in dem Mephistopheles, der Teufel, über den Menschen sagt:

»Er [der Mensch] nennt's Vernunft und braucht's allein, um tierischer als jedes Tier zu sein.«

Doch dieser negativen Sicht auf den Menschen hält Gott entgegen:

»Ein guter Mensch in seinem dunklen Drange ist sich des rechten Weges wohl bewusst.«

Die Gretchenfrage lassen wir aber jetzt mal außen vor.

Noch Fragen?

ÜBER DIE AUTORIN

Silvia Maria Engl ist eine Reisende, im Innen wie im Außen. Sie liebt es, die Welt zu erkunden und Menschen zu begegnen. Gleichzeitig sind ihr der gelegentliche Rückzug und ein bewusstes Alleinsein sehr wichtig.

Die Autorin lebt ihre eigene Spiritualität. Das Wichtigste hierbei ist für sie, dass ein Mensch sein eigenes Leben lebt, sich mit sich selbst wohlfühlt und sich und seiner Kraft und

Macht vertraut. Wer an diesem Punkt angelangt ist, so die Expertin für Lebensfreude, wird feststellen, dass genau das Spiritualität ausmacht. Alles andere sind mögliche Hilfsmittel auf unserer Reise zu uns selbst.

Die Intuitionstrainerin und begeisterte Vortragsrednerin freut sich über jeden Menschen, der sich selbst näherkommt und dabei glücklicher wird. Denn es kann, wie sie sagt, »gar nicht zu viele glückliche Menschen auf diesem Planeten geben!« Menschen dabei einen Weg weisen zu können, erfüllt sie mit großer Freude. Man kann Silvia Maria Engl persönlich auf Messen, Workshops, Seminaren und auch im Internet bei Webinaren (Onlineseminaren) begegnen, die sie zum Teil kostenfrei für alle anbietet. Näheres zu ihr und ihren Angeboten unter:

www.silvia-maria-engl.com

Silvia Maria
ENGL
einfach Lebensfreude

Bildnachweis

Bilder von der Bilddatenbank www.shutterstock.com:

Ornament Ranke: # 43661614 © EVA105

S. 8: # 157649207 © Matt Benoit, S. 13: # 85593190 © Steve Lovegrove, S. 19: # 207209101 © Tobias Arhelger, S. 25: # 261787541 © hidesy, S. 31: # 202634656 © Sergey Nivens, S. 35: # 245334322 © Hung Chung Chih, S. 39: # 217168291 © MorganStudio, S. 43: # 372216772 © Natt_Bear, S. 47: # 73569349 © Piotr Marcinski, S. 52: # 116308210 © gualtiero boffi, S. 56: # 112302359 © Roman Sigaev, S. 58: # 95960992 © Nemeziya, S. 62: # 69105085 © Ariwasabi, S. 65: # 230123215 © Melodia plus photos, S. 71: # 279163457 © Karen Kaspar, S. 74: # 313456136 © Stokkete, S. 83: # 344680385 © ImageFlow, S. 85: # 110779607 © Gemenacom, S. 89: # 337821746 © Eiko Tsuchiya

Ebenfalls von der Autorin erschienen im Schirner Verlag

Mein spirituelles Ego und ich
Hältst du dich für spirituell
oder bist du es schon?
Ein Aufrüttelbuch

160 Seiten
ISBN 978-3-8434-1210-0

Meine 26 Egos und ich
Ein Wegweiser zu mehr Lebensfreude
und Selbstverwirklichung

304 Seiten
ISBN 978-3-8434-1161-5

Meine 26 Egos und ich
Bewusstwerdung • Übungen •
Geführte Meditationen

CD, ca. 47 Min.
ISBN 978-3-8434-8306-3

Einsam war gestern
Impulse für deine Rückkehr
in die Gemeinsamkeit

96 Seiten
ISBN 978-3-8434-5130-7

Du weißt es doch schon!
Intuition – Über den Verstand hinaus
Mit praktischen Übungen für jeden Tag

96 Seiten
ISBN 978-3-8434-5113-0

Schluss mit den Zweifeln!
Mit deinem Wahrheitspunkt einfach
klare Antworten finden

96 Seiten
ISBN 978-3-8434-5119-2

Schluss mit den Zweifeln!
Entdecke deinen Wahrheitspunkt
und deine Intuition
Geführte Übungen und Meditationen

CD, ca. 48 Min.
ISBN 978-3-8434-8313-1